Jörg Zink

Trauer hat heilende *Kraft*

FREIBURG · BASEL · WIEN

Ich denke sehr an dich.
Ich denke an die Stunde,
als wir, es ist schon einige Tage her,
am offenen Grab standen und vom Liebsten,
das du hattest, Abschied nahmen.
Seither geht mir manches durch Kopf und Herz,
das ich damals nicht gesagt habe,
weil ohnehin alles zu viel war.

Nun wird es einsam um dich.
Von den Freunden geht jeder seinen Weg.
Vielleicht ist nun die Zeit, dir zu schreiben.
Denn ich möchte gern dann und wann
ein paar Schritte gehen mit dir,
wenn dein Weg besonders unwegsam vor dir liegt.

Deine Einsamkeit kann ich nicht von dir nehmen.
Aber du sollst wissen, dass ich dir nahe bin
in deiner Trauer,
soweit ein Mensch das kann,
bis es, vielleicht einmal, wieder heller wird
für dich.

Wenn ich dir nun das eine oder andere Wort sage,
das dir ein wenig Licht zeigen soll,
dann hört es sich für dich wohl sehr fremd an.
Und doch möchte ich es versuchen.

Ich stand einmal an einem Moorsee,
sehr früh am Morgen.
Aus dem Wasser ragten die Binsen wie Spieße.
Doch dann kam aus dem dichten Morgennebel,
schwach noch und fast ein wenig mühsam,
die Sonne und spiegelte sich im dunklen Wasser.

Ich meine nicht, du könntest eines Tages
wieder leben wie vor diesem Verlust.
Denn solch ein Schmerz lässt ja nicht nach,
nicht so rasch jedenfalls.
Er geht und kommt noch lange Zeit, wie er will.
Er wird wie ein unsichtbarer Gast bei dir wohnen
und verabschiedet sich wohl erst am letzten Tag.

Du wirst aber feststellen, wie aus der Trauer
auch eine heilsame Kraft erwächst.
Und sie wird es am Ende gewesen sein,
die die kommenden Jahre wesentlich machte,
die ihnen Gewicht gab und Tiefe.

Ich höre noch, was du neulich gesagt hast.
Du sagtest, du würdest befürchten,
in Teile oder Brocken auseinander zu fallen.
Du sagtest:
Es ist so viel von mir mit ins Grab gegangen,
dass mir kaum etwas zum Leben übrig bleibt.
Du sagtest: Das ist,
als ob einem jemand Arme und Beine ausrisse
und einen liegen ließe.

Das verstehe ich gut,
denn seit ihr, du und der geliebte Mensch,
den wir jetzt begraben haben,
einander begegnet seid,
hast du dein ganzes Leben
auf diesen Menschen gesetzt.
Ihr seid ein Herz und eine Seele gewesen.
Und ganz gleich, wie lange das war
– ist es nicht fast selbstverständlich,
dass dir mit diesem Verlust
jetzt dein ganzes Leben entgleitet?
Dass es dir vorkommt,
als hättest du auch die eigene Seele verloren?

Ich weiß, du kannst das jetzt nur so empfinden.
Aber es ist nicht das Letzte, das auf dich wartet.

Du erzähltest, was die Menschen um dich her sagten:
„Du musst vergessen", rieten sie dir.
„Du musst dich ablenken, in Urlaub fahren.
Du musst Abstand gewinnen", empfahlen sie.
Als hätte das irgendeinen Sinn.

Ich weiß, man bewundert Menschen,
die Haltung bewahren, die sich beherrschen
oder gar ihre Trauer mit einem Lächeln verschleiern.
Denn so ist es für die anderen am einfachsten.
Man meint, mit einer würdigen Abschiedsfeier
und mit etwas Zeit sei es überstanden.
Dann würden die Trauernden schon fertig damit.
Das ist nicht böse gemeint, es ist nur ganz ahnungslos,
und es verstärkt noch einmal das Gefühl,
jetzt allein, verlassen zu sein.
Dir ist, als würde sich eine Eisdecke schließen
über dem früher strömenden Wasser.

Du sagtest, du möchtest jetzt an der Stelle bleiben,
wo ihr getrennt wurdet,
an der dunklen Grenze, vor der du seitdem stehst,
weil du nur dort und sonst nirgends die Kraft findest,
weiter zu leben.

Lass es dir nicht ausreden.

Es nützt nichts, wenn du deine Kräfte verbrauchst
damit, so zu tun, als sei schon alles geschafft.
Als Jesus am Grab eines Freundes stand,
weinte er vor den Augen des ganzen Dorfs.
Nur wer nichts liebt, kommt ohne Tränen aus.

Heute haben wir es besonders schwer,
Zeiten der Trauer durchzustehen. Wir hören täglich,
wie irgendwo auf der Welt Unglücke geschehen,
Leid und Elend erlitten werden,
und wir schützen uns dann zumeist,
indem wir dies alles schnell wieder vergessen.

Das erwarten wir auch von den Trauernden,
und so meinen sie selbst nicht selten,
sich entschuldigen zu müssen,
wenn es ihnen nach vier Wochen
noch immer nicht besser geht.
Oft reden auch Freunde lieber nicht mehr darüber.
„Nur nicht daran rühren", sagen sie sich vielleicht.

Ich wünschte stattdessen, wir fänden Worte,
über unsere Weggegangenen zu sprechen,
über die Zeit der Gemeinschaft, der Freundschaft,
der Liebe, des Glücks, die vergangen sind
und doch noch so nah gegenwärtig.

In solchen Zeiten darfst du alles tun,
was dir hilft:

Du darfst weinen, weil du verlassen bist, denn du bist es.
Weil dir kalt ist, denn es ist wirklich kalt.
Weil dir die Trauer das Herz zusammenzieht,
mehr, als irgendjemand von uns ermessen kann.
Du brauchst nicht stumm unter der Eisdecke zu leben.

Du darfst auch schreien, ganz gleich, ob es jemand hört.
Ich verstehe, wenn du zornig bist
über das Unheil, das dich getroffen hat.
Wenn du wütend bist auch auf Gott,
der das zugelassen hat oder womöglich gewollt.
Auch Hiob klagte Gott mit harten Worten an.

Und du darfst verstummen, wenn du das Gefühl hast,
die anderen könnten dich nicht verstehen.
Wenn du zu müde bist, mit ihnen zu reden,
oder wenn du dich, auf eine seltsame,
grausame Weise, schuldig fühlst dafür,
dass du selbst noch lebst.

Eines Tages wird es weniger nötig sein,
zu weinen oder zu schreien. Aber jetzt ist es gut.
Und jetzt darf es dir niemand verwehren.

Jetzt stehst du wirklich in einem Raum
zwischen dem Leben und dem Tod.

Du hast einen Menschen verloren,
den du besonders geliebt hast.
Du hast verloren, was dir besonders wichtig war
und dich besonders glücklich gemacht hat.
Und vor allem: Du hast dabei
auch dich selbst verloren.

Jetzt wohnst du in einer Art „Haus der Trauer",
umschlossen von den Wänden des Leids.
Du hast kein schützendes Dach über dir
wie diese einsame Kirchenruine.
Du bist in einem kahlen und leeren Raum,
in dem du nicht leben kannst
und den zu verlassen doch sinnlos erscheint.

Denn nur dieser Raum ist jetzt für dich wahr.
Da nützt Weglaufen nichts.
Auch sich zu betäuben nützt wenig.
Ob sich dir wieder einmal eine Tür öffnen wird,
weiß niemand, auch ich nicht.
Ich möchte dich trotzdem, wenn ich darf,
dort besuchen: im Haus deiner Schmerzen.

Eines der ganz großen Bilder
von Leben und Tod
hat Edvard Munch gemalt,
es heißt „Der Tod der Mutter".

Da steht ein Kind in dem Haus,
in dem es geliebt und behütet war,
dem Haus, das aus Menschen bestand,
vor allem: der Mutter.

Die ist nun tot.
Und es ist stumm im Raum. So stumm,
dass sich das Kind die Ohren zuhalten muss
vor den lärmenden Stimmen,
die von überall her schreien: „Gestorben!"
Vor den Stimmen des Entsetzens und der Angst,
was nun alles kommen, alles hereinbrechen wird.

Irgendwer wird es abholen in ein fremdes Haus.
Und das Kind wird ein Leben lang wissen:
Ich habe mein Haus verloren, in dem die Mutter war.
Ich hätte dort bleiben sollen, noch lange Zeit,
bis ich einen Weg ins Leben gefunden hätte,
meinen Weg in die Welt.

Lange stand ich vor der schmalen Holzbrücke,
die sich im stillen Gewässer spiegelte.
Es war eine Brücke zum Hin- und Hergehen,
hinüber und herüber.
Ich blieb stehen und dachte über das Gehen nach
und darüber, wie sich im Wasser der eine Weg
zu einem doppelten spiegelte.

Auch die Trauer ist ein Gang hinüber und herüber.
Hinüber, dorthin, wohin der andere ging.
Und zurück, dorthin, wo man mit ihm war
in der Zeit des gemeinsamen Lebens.

Und dieses Hin- und Hergehen ist wichtig.
Denn da ist etwas abgerissen.
Die Erinnerung fügt es zusammen, immer wieder.
Da ist etwas verloren gegangen.
Die Erinnerung sucht es auf und bringt es zurück.
Da ist etwas von einem selbst weggegangen.
Man braucht es und geht ihm also nach.
Man muss es bewahren, um weiter zu leben.

Man muss das Land der Vergangenheit erwandern,
hin und her,
bis einmal der Gang über die Brücke
auf einen neuen Weg führt.

In deiner Trauer
solltest du auf zwei Gefahren achten.

Die eine erkennst du, wenn du dich hörst,
wie du den geliebten Menschen
immer wieder zurückrufen willst.
Du darfst das tun. Aber es heilt deine Trauer nicht.

Dein Wunsch macht dir das Herz schwerer
und deinen Weg länger.
Denn es ist ja nicht der Sinn unseres Lebens,
dass wir die Toten festhalten oder zurückbekommen,
sondern dass wir ihnen einmal nachgehen.
Es ist uns bestimmt, unseren Weg auf dieser Erde
zu gehen, bis er uns zu ihnen führt.

Auch glaube ich, dass die Toten durchaus empfinden,
mit welchen Gedanken wir hin zu ihnen denken.
Schicke also deine besten Gefühle hinüber,
deine Liebe und Dankbarkeit
und deine Bereitschaft loszulassen.
Schick dein Gebet hinüber, für den Menschen,
den du verloren hast, und für alle, die schon drüben sind.
Gib ihm seinen neuen Weg frei
und bereite dich darauf vor, ihn zu finden,
wenn du selbst hinüberkommst.

Die andere Gefahr ist,
dass du ihm jetzt nachsterben willst.
Auch das ist nicht der Sinn deines Schicksals.

Ich weiß, der Wunsch nachzusterben
ist eine elementare Sehnsucht
und manchmal fast unüberwindlich
in Zeiten der Trauer.

Das Leben hier scheint so sinnlos geworden
und alle Lebenskraft ist wie verloren.
„War es nicht womöglich Barmherzigkeit",
fragte mich eine Frau, die plötzlich allein war,
„wenn die Hindus die Witwen gleich mitverbrannten?"
Zum Glück ist das heute nirgends mehr so,
aber ich kann es verstehen, wenn jemand sich wünscht,
daheim zu sein: dort, wo der andere ist.

Gib du diesem Gedanken nie zu lange nach.
Wir wissen von anhänglichen Tieren,
dass sie einem Toten nachsterben können.
Uns Menschen unterscheidet aber von ihnen
die seelische Kraft,
bei aller Sehnsucht nach dem Tod
doch auf der Erde zu bleiben,
bis uns der Ruf Gottes trifft: Komm!

Einstweilen wird es dir
immer wieder erscheinen,
als würdest du vor einem dunklen Wasser stehen
und tief unten sei vieles verborgen
aus eurer gemeinsam gelebten Zeit.

Du denkst: Viel zu vieles war nicht so,
wie es hätte sein sollen oder sein können.
Solche Gedanken an Versäumnis, Versagen
oder Verschulden liegen da unten.
Sie hängen schwer an deiner Seele
und ziehen deine Gedanken in die dunkle Tiefe.

Was tust du mit ihnen?
Sie immer noch einmal neu zu durchdenken
hilft nicht weit. Du solltest sie loslassen können.

Du weißt, dass wir alles, das uns geschieht,
Gott in die Hand legen dürfen.
Wir dürfen ihn bitten: Nimm alles zu dir,
was war und worunter ich noch immer leide,
so lange danach.
Wir dürfen vertrauen, dass es neue Anfänge gibt,
auch für die Erinnerung.

Und dann wirst du spüren, wie du die dunkle Tiefe
– allmählich – hinter dir lassen kannst.

Die Trauer über das, was nicht gut war,
rührt nicht nur daher, dass wir im Rückblick
erkennen, wo wir versagt haben.
Sondern sie hat den viel wichtigeren Sinn,
dass durch den Tod des geliebten Menschen
unser Herz sorgsamer zu empfinden beginnt.
Kämen unsere Toten jetzt durch die Tür,
wir begrüßten sie gewiss noch wärmer als früher.

Diese feine Empfindsamkeit und tiefere Innigkeit
wächst uns wohl nicht selten erst
nach dem Tod dessen zu, den wir lieben.
Und während sie in jener Welt weitergeht,
reift in uns selbst etwas nach,
das uns vorher gefehlt hat.

Christus spricht von der Frucht unseres Lebens
als einem Getreidefeld oder einem Wein,
der in uns wachsen und zu Ende reifen soll.
Deshalb ist es gut,
noch eine Weile auf dieser Erde zu sein.
Denn hier soll entstehen,
was den Sinn und den Wert unseres Lebens ausmacht.

Hilfreich erscheint mir,
die Erinnerungen immer wieder aufzusuchen,
alte Geschichten gemeinsam mit anderen wach zu rufen.
Fragen: Weißt du noch? Und Bilder hervorholen.

Das tut gut: sich zu erinnern,
dankbar zu sein für viel Schönes,
Freundliches und auch Schmerzliches,
das man gemeinsam erlebt,
gedacht und empfunden hat.
Erinnern hilft uns
zu sehen, woher wir kommen,

und damit auch, den Weg zu finden,
der weiterführt.

Denn wo früher so viel gütige Führung war,
können wir da nicht auch künftig vertrauen?
Wenn die frohe, glückliche Kraft von früher
freundliche Gabe Gottes war,
sollte er dann nicht auch künftig die Quelle sein,
aus der wir neue Kräfte bekommen?

Heute fällt dir vielleicht das Erinnern noch schwer,
aber sicher wird dir im dankbaren Verweilen
– allmählich – dein Schmerz erträglicher werden.

Ich kann mir vorstellen,
dass du schlaflos liegst lange Nächte,
unerträglich lange Nächte.
Deine Gedanken irrlichtern irgendwohin
und wollen sich nicht einfangen lassen.

Dann ist es gut,
wenn du dir das Bild eurer Gemeinsamkeit
klar vor dein inneres Auge stellst.
Das Bild, das euch in glücklichen Tagen zeigt:
als ihr euch besonders nahe wart,
als euch etwas besonders Schönes gelang,
als du besonders dankbar warst.

Lass dieses Bild in dir wirken,
glaube nicht, du machtest dir etwas vor,
sondern lass es klar und wahrhaftig werden.
So bildet sich in deiner Seele ein Raum,
in dem du wieder wohnen kannst
und in dem vielleicht auch der Schlaf gelingt.

Oder stell dir die geliebte Stimme vor. So, als komme sie
nicht nur aus deiner Erinnerung, sondern von drüben.
Du kannst dabei die leisen Stimmen vernehmen,
auch die Stimme Gottes, auf eine neue Weise.
Als Stimme des Friedens von außerhalb dieser Welt.

Vermutlich beginnst du
auch manchen Morgen mit Angst.

Wie solltest du auch all das jetzt allein bewältigen,
das ihr bisher gemeinsam bedacht
und entschieden habt?
Wie solltest du allem gewachsen sein,
das vor dir liegt?
Ich kann mir vorstellen, dass du dich fühlst
wie ein Haus ohne Hüter,
ein Haus ohne Tür, ohne Riegel, ohne Dach.
Und dass du dich fürchtest vor Tagen,
an denen ein Unwetter kommt
und niemand ist, der sich zu dir stellt.

Gerade darin liegt aber zu einem Teil
der Sinn des Trauerns:
dass ihr im Gespräch, in Verbindung bleibt
und all die Gespräche wiederkehren,
all die Entscheidungen und der gemeinsame Wille.
Dass die Kraft, die ihr früher gemeinsam hattet,
zurückkehrt und dich erfüllt.
Dass du festen Halt findest in dir
und wieder Vertrauen fasst.
Dass du bewältigst, was dir zugemutet ist,
und dein Tag wieder Licht bekommt.

Glaube nun nicht, du bliebst am besten allein,
du dürftest den anderen keine Last sein
mit deiner Trauer.
Mir scheint im Gegenteil wichtig,
dass du das Gespräch suchst
mit denen, die deinen Toten kannten.
Du hilfst auch ihnen, die sich so sehr scheuen,
aus ihrer Angst herauszukommen.
Sie können ihre Befangenheit vor dem Tod
gerade durch ein Gespräch mit dir allmählich verlieren.

Der Meister eines mittelalterlichen Altars
malte neben das Kreuz des Christus
Maria, die Mutter, in sich zusammensinkend,
aber gestützt und gehalten durch den Jünger Johannes.
Zu ihm hatte Jesus gesagt: „Nimm sie als deine Mutter!"
Und zu Maria: „Nimm ihn als deinen Sohn!"

So halten sie nun einander fest.
Und du kannst Maria sein, aber auch Johannes,
stützend und haltend. Um dich her gibt es
mehr Menschen, als du vielleicht meinst,
die jemand suchen, der hilft, zuhört und aushält.
Indem du im Leiden zu einem liebenden Menschen wirst,
findest du Kräfte, die dir sonst fehlten
und die dir selbst helfen werden.

Noch lange wirst du viel Geduld mit dir brauchen.
Du wirst nicht in Kürze wieder
ein ausgeglichener Mensch sein,
sondern hin und her geworfen
von Stimmungen und Gedanken.

Manchmal wirst du dich fühlen,
als seist du selbst gestorben,
starr und ohne Leben.
In den ersten Tagen hast du das so erfahren,
als alles wie unwirklich war,
und nicht einmal Tränen kommen wollten.
Du solltest wissen: Es ergeht nicht nur dir so.
Viele, eigentlich alle, erleben dasselbe.

Und manchmal wird es aus dir herausbrechen.
Dann hämmerst du wie gegen eine verschlossene Tür,
bist wütend über dein Schicksal, und vielleicht
trifft dein Zorn sogar den gestorbenen Menschen,
weil er dich allein ließ.
Du weißt, dass das ungerecht ist,
und also hämmern von innen die eigenen Schuldgefühle.

Dann solltest du wissen,
dass all dies sein Recht hat: für dich selbst
und für alle, die ihre Trauer erleiden.

Später, wenn später alles
ein wenig verebbt ist,
kann es dir geschehen,
dass du in der Welt umherläufst,
als müsste der Mensch, um den du trauerst,
noch irgendwo sein.
Als habe er sich nur verborgen
und müsste um die nächste Ecke kommen.
Immer wieder wirst du ihn suchen,
als sei noch alles wie früher,
und wirst große Mühe haben,
in die tägliche Gegenwart zurückzufinden.

Vielleicht dauert es Monate, vielleicht Jahre,
bis du wieder einwurzelst in diese Welt.
Bis dein Tag wieder Licht hat und Sinn.
Bis dir ein Erfolg wieder Freude macht,
ein Erlebnis dich fröhlich stimmt,
ein Plaudern dich anregt.
Bis sich um dich her eine Welt wieder bildet,
nicht so, wie sie war, aber doch auch wieder gut.

Du solltest in alldem nichts von dir fordern,
das gegen deine Gefühle geht.
Denn deine Trauer wird ein langer Weg sein.

$\mathcal{An}$ einem frühen Morgen ging ich einmal
durch einen nebelverhangenen Wald.
Die Sträucher waren bedeckt mit zarten Spinnweben,
und als die Sonne zwischen den Stämmen aufging,
begannen die Fäden plötzlich,
in allen Farben zu leuchten.
Als ich dieses Bild sah, ging mir durch den Kopf:
So ähnlich muss es wohl aussehen,
wenn wir einmal sterben.

Da leben wir eingefangen in Rätsel,
in Leid und Angst und – vor allem – Schuld.
Dann schließen wir unsere Augen,

betreten einen schimmernden Durchgang,
und am Ende erwartet uns das Licht.

Und wir werden – auferstehend – verwandelt sein
in das Bild, das Gott meinte, als er uns schuf.
Dass aber dieses Bild sich in Umrissen zeigt,
geschieht uns schon hier immer wieder.
Auch die Trauer ist wie ein Tod, auch in ihr
soll sich etwas verwandeln und vollenden.

Du wirst nichts vergessen
und dabei wissen, dass alles ein Ziel hat
und am Ende das Licht sein wird.

Wahrscheinlich

kennst du die alten Osterbilder,
auf denen drei Frauen frühmorgens
zum Grab Jesu kommen
und dort einer lichten Erscheinung begegnen,
die sagt: „Den ihr für tot haltet, der lebt."

In den Tagen danach gerieten sie
in eine seltsam nahe Verbindung mit ihm.
Sie hörten seine Stimme. Sie sahen ihn.
Aber das war nicht nur beglückend,
es war auch ganz fremd.
Sie verloren den Boden unter den Füßen.
Denn was sie für wichtig gehalten hatten,
erschien ihnen plötzlich sehr vorläufig.
Sie begriffen, dass die Welt hier und die drüben
zusammengehören. Dass sie eigentlich eins sind.

Das verändert aber den Tod.
Er wird zu einem Schritt über die Schwelle
in einen anderen Raum, wo neue Erfahrungen,
neue Begegnungen, neue Einsichten warten.
Vor allem die Begegnung mit dem Christus,
den die drei in seinem Grab nicht finden konnten.
Die Begegnung mit dem, der das Leben selbst ist.
Und so gehen sie ihm, getröstet, entgegen.

Vielleicht erfasst dich
unvermittelt das starke Gefühl,
der Mensch, dem dein Herz gehörte und weiter gehört,
sei dir nahe und habe dir vielleicht ein Zeichen gegeben.
Dann lass dich nicht irremachen. Nimm es einfach an.

Ich bin überzeugt, dass es Verbindungen gibt
zwischen denen drüben und uns hier,
von denen die meisten von uns nur nichts wissen.

Ich glaube zum Beispiel, dass ein Mensch,
zu dem wir in der Stunde nach seinem Sterben reden,
noch hört, was wir sagen,
und dass die Toten uns manchmal Zeichen geben.

Wir brauchen keine besonderen Fähigkeiten dazu.
Wir müssen nur verstehen, wie dünn die Wand ist
zwischen jener Welt und der unseren.

Werden wir uns also wiedersehen?
Unser Auftrag auf dieser Erde ist,
reicher zu werden an Liebe.
Und ich glaube, dass die in uns gewachsene Liebe
im Tod nicht einfach verloren geht.
Ich glaube an ein Finden und ein Begegnen
– wie immer es dann geschehen soll –
wie hier, so in der anderen Welt.

Denn die Welt,
in die wir im Tode hinübergehen,
ist für mich so wirklich, wie diese es ist.

Christus lebt. Und die wir für tot halten, leben.
Wir – du und ich – werden weitergehen.
Mit neuen Aufgaben, wie ich mir denke.
So verkehrt sich das Verhältnis von Leben und Tod.
Nicht das Leben währt, bis der Tod es beendet,
sondern wir sind unter der Herrschaft des Todes,
bis wir frei sind und ins Leben treten,
hinüber in einen anderen Raum und eine andere Zeit.

Was wir dann tun werden?
Dasselbe, was Christus tat
und was wir ihm nachtun sollen:
Himmel und Erde verbinden,
dort, wo sie sich begegnen.

Das wird so sein, bis ein neuer Himmel
und eine neue Erde sich verbinden
„wie eine Braut mit ihrem Mann".
Das Ziel aber ist das Gottesreich,
in dem „kein Leid mehr sein wird,
keine Klage, kein Schmerz,
und alle Tränen abgewischt werden
aus unseren Augen".

Drei Jahre nach dem Tod ihres Mannes
schrieb mir eine Frau:
„Der Schmerz ist erträglich geworden.
Aber die Trauer bleibt,
und ich möchte sie nicht missen.
Denn mit ihr bleibt die Liebe,
und sie gibt nun dem Leben eine Tiefe,
aus der ich Ruhe schöpfe und Kraft."

In der Tat: Die Liebe,
die du in der gemeinsamen Zeit gegeben hast,
kommt in der Trauer zu dir zurück
und gibt dir die Kraft, die du brauchst,
damit du zu leben fähig bleibst.

Es ist ein wenig wie bei diesem
gestorbenen und umgestürzten Baum,
aus dessen Wurzelstock nun
eine junge Pflanze wächst.

Unter Christen sprechen wir von Gottes Geist.
Wir meinen: Wer seinen Weg durch das Leiden
mit Christus geht,
empfängt eine Kraft, die ihm hilft,
im Vertrauen auf dieser Erde zu stehen.
„Der Geist ist der Tröster", sagt Jesus.

Es mag durchaus sein,
dass dir hier auf der Erde
noch mehr zugedacht ist,
Neues und anderes, als du jetzt erkennst.
Aber das ist jetzt nicht wichtig.
Wichtig ist, dass du nicht meinst,
die Sonne sei untergegangen.
Sie leuchtet nur anders und in einem anderen Raum.

Wenn du in ein mit Schnee bedecktes Tal schaust,
kannst du dir kaum vorstellen,
dass in wenigen Monaten auf den Hängen
ein Blumenmeer wogen wird.

Wichtig ist deshalb nur, was in dir selbst geschieht.
Deine Liebe will das Tägliche nicht schwächer,
sondern stärker prägen als früher
– so, dass du das Leid der Menschen besser verstehst
und ein neues, warmes Leben für dich beginnt.

Wichtig ist, dass du nicht karg wirst.
Viele brauchen, was in dir aus der Trauer an Hilfe wächst,
sie brauchen deine Erfahrung und deinen Frieden.
Die Erde und alle Menschen brauchen den Trost,
der von den Trauernden ausgehen kann.

Vielleicht fragst du,
ob man für die Toten beten darf,
und ich wüsste nichts, das uns hindern sollte.

Denn vor Gott sind sie ja nicht tot, sondern leben.
Jesus sagt, Gott sei kein Gott von Toten,
sondern von Lebendigen. Hier wie drüben.
Wenn uns das Gebet mit Menschen verbinden kann,
die am anderen Ende der Welt sind,
dann doch auch mit denen, die sie verlassen haben.
Sie empfangen, was wir ihnen senden,
auf dem Weg über die Güte Gottes,
die sie auch dort geleitet.

Wir sind nun einmal Wesen zwischen zwei Welten.
Wir gehören nicht für immer in diese Welt
und doch auch noch nicht in die andere.
Aber dazwischen können sich Blüten öffnen
mit einem Leuchten, das beide Welten verbindet.

Wo unsere Lieben sind,
ist derselbe Gott, dem wir auch hier vertrauen.
Und wir wissen uns selbst und die,
von denen wir hier noch getrennt sind,
in seiner Hand.

Auf einer Wanderung stand ich vor einem Baum,
in den eine Christusfigur eingewachsen war.
Vor mehr als hundert Jahren hatte jemand
sie an dem Stamm befestigt.
Nun wächst der Baum und schließt die Figur ein.
Unmerklich wächst die Rinde um sie herum.
Die offene Stelle wird vielleicht eines Tages
ganz zusammengewachsen sein
und der Baum wieder wie unversehrt stehen.
Aber Christus ist in ihm.

Bei diesem Bild denke ich besonders an dich.
Denn die Trauer, die du jetzt empfindest,
ist wie die Rinde bei diesem Baum:
Sie hat heilende Kraft, indem sie unsere Lieben,
nachdem sie gegangen sind,
in uns hineinwachsen lässt.
Sie werden ein Teil von uns,
geben uns ihre Liebe und Kraft
und am Ende sind sie unsichtbar in uns bewahrt.

So kann es auch mit Christus geschehen.
Wir empfangen sein Leben, indem er in uns hineinwächst
und uns in seine Gestalt verwandelt.
Am Ende ist er in uns und vollendet uns zu dem Bild,
nach dem wir geschaffen sind.

Von Jörg Zink sind im Verlag Herder
in gleicher Ausstattung erschienen:

Am Ufer der Stille
ISBN 978-3-451-37731-0

Dein Geburtstag sei ein Fest
ISBN 978-3-451-31263-2

Die leisen Kräfte sind es,
die dich tragen
ISBN 978-3-451-31334-9

Ich werde gerne alt
ISBN 978-3-451-31264-9

Ich wünsche dir Genesung
ISBN 978-3-451-31265-6

Lass dein Herz atmen
ISBN 978-3-451-34295-0

Liebe ist ein Wort aus Licht
ISBN 978-3-451-31118-5

Mehr als drei Wünsche
ISBN 978-3-451-31969-3

Was kommt nach dem Leben?
ISBN 978-3-451-34294-3

Wo das Glück entspringt
ISBN 978-3-451-31120-8

Bildnachweis:
S. 14: Edvard Munch: Die tote Mutter (Das Kind und der Tod).
© Edvard Munch / VG Bild-Kunst
S. 29: Meister des Wiener Schottenaltars: Kreuzigung Christi, Ausschnitt Maria und Johannes. Galerie Belvedere, Wien, Inv. Nr. 4975/ Archiv Zink
S. 37: Meister der Goldenen Tafel von Lüneburg: Drei Frauen und der Engel am Grab. Landesmuseum Hannover/Archiv Zink

Neu bearbeitete Ausgabe des im Verlag Kreuz 1985 erstmals erschienenen Titels

© Verlag Herder GmbH, Freiburg im Breisgau, 2. Auflage 2017
Alle Rechte vorbehalten
www.herder.de

Gesamtgestaltung und Satz: Atelier Georg Lehmacher, Friedberg (Bay.)

Fotografie Einband: © Georg Lehmacher
Fotografien innen: Renate & Georg Lehmacher, Jörg Zink (S. 13, 46)
Druck: Graspo, Zlín
Gedruckt auf umweltfreundlichem, chlorfrei gebleichtem Papier

Printed in the Czech Republic

ISBN 978-3-451-31262-5